Regenwurmtage

Antje Damm, geboren 1965 in Wiesbaden, studierte Architektur in Darmstadt und Florenz und lebt als Autorin von Kinderbüchern mit ihrer Familie in der Nähe von Gießen. Dank ihrer vier Töchter begann sie sich für Kinderliteratur zu interessieren und hat seit über 20 Jahren eine Vielzahl von Bilder- und Kinderbüchern veröffentlicht. Mit ihren Fragebüchern *Frag mich!* und *Ist 7 viel?* begründete sie ein neues Genre in der deutschsprachigen Kinderliteratur.

Ihre Bücher wurden für den Deutschen Jugendliteraturpreis nominiert und mit dem Leipziger Lesekompass, dem Troisdorfer Bilderbuchpreis und von der New York Times ausgezeichnet. 2025 erhielt sie für ihr Gesamtwerk den Sonderpreis Illustration des Deutschen Jugendliteraturpreises.

Ein Moritz Kinderbuch

6. Auflage, 2025
© 2011 Moritz Verlag
Kantstr. 12, 60316 Frankfurt am Main
info@moritzverlag.de
Alle Rechte, insbesondere das der Nutzung dieses Werks
für Text und Data Mining im Sinne von § 44b UrhG, vorbehalten.
Einbandgestaltung: Norbert Blommel,
unter Verwendung einer Illustration von Antje Damm
Druck: Beltz Grafische Betriebe, Bad Langensalza
Printed in Germany
ISBN 978 3 89565 233 2
www.moritzverlag.de

Antje Damm

Regenwurmtage

Moritz Verlag
Frankfurt am Main

Es ist Herbst.

Die Blätter tanzen im Wind und Ida macht sich auf den Weg zur Schule. Sie hat es nicht weit.

Ein bisschen grummelt ihr Magen und der Ranzen ist schwer. Aber dafür ist er rosa, mit Pferden drauf, so schön!

Ida freut sich. Endlich ist sie ein Schulkind.

Was macht man den ganzen Tag in der Schule?

Lernt man etwas über Elefanten und Schneeglöckchen?

Oder wie man Schokoladenkuchen backt?

Oder warum Blätter im Wind tanzen?

Wie heißt noch mal die Lehrerin?

Sind die anderen Kinder nett?

Neben wem wird sie sitzen?

Hoffentlich schmeckt das Pausenbrot, das Mama für sie geschmiert hat.

Ida schwirren so viele Fragen im Kopf herum, sie kriegt sie gar nicht mehr auseinander. Wie ein verfilztes Wollknäuel fühlt sich das an.
Ida schüttelt den Kopf. Als wollte sie all die Fragen rausschütteln!
Und sie macht schnelle Schritte, sie will pünktlich sein.
Es ist sehr blöd, wenn man gleich am ersten richtigen Schultag zu spät kommt.

Aber sie freut sich auch.
Heute ist ein schöner Tag.

Die Schule kennt sie schon. Ein flacher Bau mit Fenstern, an denen bunte Schmetterlinge und Fledermäuse kleben. Ida war schon mal da, mit Mama und Papa, letzte Woche am Einschulungstag.

Und sie hat mit Mama den Schulweg mindestens sechsmal geübt. Sie weiß auch noch ganz genau, wo das Klassenzimmer ist. »Das musst du dir gut merken«, hat Mama immer wieder gesagt und Ida Tipps gegeben, wie sie sich an den Weg erinnern kann. Zur Eingangstür rein, den Gang entlang, dann in die Richtung, wo die Trinkflasche an ihrem Ranzen steckt, bis ans Ende des Flurs zur roten Tür. Da ist es.

Kein Problem, Ida schafft das!

Die rote Tür steht offen.

Nur wo sie sitzt, weiß sie nicht. Ida steht erst eine Weile im Türrahmen und hält sich an ihrem eigenen Rock fest.

Die Lehrerin hat immer noch rote Haare. Sie riecht auch heute wieder ziemlich doll nach Parfüm. Und sie ist riesengroß! Sie schiebt Ida zu einem Tisch, an dem noch kein Kind sitzt. Ida setzt sich auf einen der beiden leeren Stühle.

Die Kälte des Stuhls kriecht durch den Rock bis zu ihrem Po und sie friert ein bisschen.

Hier riecht es komisch, denkt sie. So einen komischen Geruch hat sie noch nie gerochen. Schule riecht wie Radier-

gummi und Kloputzzeug vermischt.
Oder irgendwie anders. Ida überlegt
und überlegt und hört plötzlich einen
lauten Gong.

Der Unterricht beginnt! Heute ist ein
schöner Tag, denkt Ida.
Der Platz neben ihr ist frei geblieben.
Die meisten anderen Kinder scheinen
sich zu kennen. Das hat Ida schon am
Einschulungstag gedacht.
Ida kennt keinen. Sie versucht sich an die
Gesichter der anderen Kinder zu erin-
nern, aber es scheint ihr, als sieht sie sie
heute zum ersten Mal.
An die roten Haare und den Geruch der
Lehrerin erinnert sie sich ganz genau,
immerhin. Wie heißt sie noch mal? Zum

Glück sagt sie ihnen in der ersten Stunde
noch mal ihren Namen: Frau Bender.

Frau Bender hat eine laute Stimme und
sie erzählt nicht, wie man Schokoladenkuchen macht, sondern von Regeln:

Wie man sich morgens begrüßt.
Wie man sich hinsetzt.
Dass man nur zu zweit aufs Klo gehen
kann.
Wie man sich meldet.
Wie man die Hausaufgaben erledigt.
Was man auf dem Pausenhof machen
darf.
Wie man mit den anderen Kindern um-
gehen soll.

Ida hört zu, aber sie denkt auch an zu Hause.

Sie will nach Hause. Sie will in ihr Zimmer, in ihr Bett, unter die warme Decke zu Flori, ihrem Kuschelhund mit den spitzen Ohren, der so gut duftet und den Mama nie, aber auch nie waschen darf.

Ida darf Flori nicht mit in die Schule nehmen, hat Mama gesagt. Na ja, er wäre auch ein bisschen zu groß und Mama behauptet außerdem, dass er ziemlich doll stinkt. Ida findet, dass er richtig lecker riecht, nach Flori eben.

Hier ist alles so neu und fremd.

Aber sie versucht trotzdem zuzuhören und sich die ganzen Regeln zu merken.

Es ist doch heute ein schöner Tag ...?

Dann klopft es an der Tür.
Wer ist das?

Ein Junge kommt rein. Schwarz wie Kohle
ist sein Haar und er sieht nicht aus, als
wäre das heute ein schöner Tag für ihn.
Er sagt leise seinen Namen, als Frau Ben-
der ihn danach fragt.
»Faruk«, sagt er und dann entschuldigt
er sich, denn er ist zu spät.
Er hat den Weg nicht gleich gefunden.
Einen komischen Namen hat der. Und
den Weg hat er auch nicht geübt, denkt
Ida.
Und die Regeln hat er auch verpasst.

Frau Bender setzt Faruk neben Ida. Genau
neben sie, auf den noch freien Platz.

17

Dahin, wo viel besser ein anderes Mädchen hingepasst hätte und auf gar keinen Fall ein Junge. Auf gar keinen Fall!

Ida schaut den Jungen vorsichtig an. Er sieht dunkel aus, schon nett irgendwie, aber er ist eben ein Junge. Jungen sind alle doof. Ida will viel lieber neben einem Mädchen sitzen.
Ist das wirklich ein schöner Tag?

Der Unterricht geht weiter. Frau Bender spricht laut und sehr deutlich. Fast zu deutlich, findet Ida.
Es gibt immer noch mehr Regeln.
Es ist verboten, aus dem Wasserhahn zu trinken, weil man da Würmer von kriegt, sagt Frau Bender. O je, das macht Papa

doch auch immer, denkt Ida und stellt sich vor, wie die Würmer Papa im Bauch kitzeln.

Bei der Freiarbeit muss man ganz still sein und darf nicht schwätzen. Vor allem nicht mit seinem Tischnachbarn.

Als es wieder gongt, ist Schluss. Am ersten richtigen Schultag haben sie keine Pause. Alle stehen auf und rennen raus und schreien dabei. Es ist ein Riesenlärm, Ida ist froh, dass sie nach Hause gehen kann.

Der Junge mit dem komischen Namen geht still ein Stückchen neben Ida her, so als wäre es klar, dass sie nun zusammengehören. Dabei will Ida das gar nicht. Sie versucht schneller zu gehen, aber der Junge lässt sich nicht abschütteln.

Sie haben den gleichen Nachhauseweg. Aber dann biegt er plötzlich in eine andere Straße ab und winkt kurz. Ida versucht sich an seinen Namen zu erinnern. Faruk, komisch!, denkt sie.

Jetzt ist sie erleichtert. Nur der schöne rosa Ranzen drückt sie und sie beeilt sich schnell nach Hause zu kommen.

Mama wird neugierig sein und wissen wollen, ob Ida den Weg alleine gefunden hat, neben wem sie sitzt und was sie ge-

lernt hat in der Schule und ob das Pausenbrot geschmeckt hat, ob die Lehrerin
nett war und die anderen Kinder …
Mama hat immer so viele Fragen, das
nervt!

Als Ida zu Hause ankommt, rennt sie erst
mal in ihr Zimmer, um Flori zu holen. Sie
steckt die Nase in Floris Fell und atmet
tief ein. Das riecht gut, nach zu Hause
und nicht so komisch wie in der Schule.
Mama fragt und fragt und fragt.

Nein, Ida sitzt nicht neben einem Mädchen.

Nein, Ida hat keine Hausaufgaben auf.

Nein, Ida hat das Pausenbrot nicht gegessen.

Nein, Ida mag die Schule doch nicht so.

Warum Ida dies. Warum Ida das.

Ida verschwindet in ihrem Zimmer und baut für Flori ein Bett aus einem alten Schuhkarton.

Sie stopft Socken rein, damit Flori es schön warm und weich hat, wenn sie jetzt immer so lange in der Schule ist und er ganz alleine zu Hause warten muss.

Armer Flori!

Na ja, Mama ist noch da, aber die will Flori immer in die Waschmaschine stecken. Darum ist Ida sicher, dass Flori große Angst vor Mama hat.

Und dann flüstert sie Flori in die spitzen Ohren, wie es in der Schule war. Alles ganz genau. Auch von dem Jungen mit den kohlrabenschwarzen Haaren erzählt sie.

Am nächsten Morgen hat es geregnet. Die Straße ist nass. Ida geht langsam und manchmal hüpft sie über die Pfützen. Mama hat sie eine Viertelstunde früher losgeschickt. Heute hat sie ein Pausenbrot mit Leberwurst und Apfelschnitzen dabei. Und der Ranzen ist zwar schwer, aber rosa und mit Pferden darauf, so schön.

Mama hat gesagt, Ida soll sich nicht

ärgern, dass sie neben einem Jungen sitzen muss. Auch Jungen können nett sein. Das glaubt Ida auf gar keinen Fall. Auf gar keinen Fall!

Plötzlich macht sie eine Entdeckung. Da kringelt sich ein graurosa Regenwurm auf dem Gehweg in einer Pfütze.

Sie beobachtet den Regenwurm eine Weile. Er will sich vergraben. Aber dort, wo er liegt, kann er das nicht: auf dem Asphalt in einer kleinen Wasserpfütze.
Eigentlich mag Ida lieber Tiere mit einem weichen Fell, so wie Flori. Der hat ein wunderbar weiches, wuschelig gelbes Fell. Am Anfang war er mal ganz hellgelb, aber jetzt ist er eher gelbgrau und

Ida findet, dass das sehr gut zu ihm passt.
Deshalb darf Mama ihn ja auch nie, nie
waschen.

Aber Tiere sind Tiere, denkt sie und der
Regenwurm braucht Hilfe, auch ohne
Fell.

Er ertrinkt sonst in der Pfütze.

Regenwürmer gehören in die Erde, das
weiß Ida.

Also nimmt sie den Wurm vorsichtig mit
den Fingern hoch. Der Wurm ringelt sich
und zappelt.

Sie versucht den Wurm nicht zu sehr zu
drücken, aber er ist glitschig. Das ist gar
nicht so einfach mit dem Regenwürmer-
retten.

Sie setzt ihn in einen Vorgarten und sieht
zu, wie er sich eilig in der Erde vergräbt.

Ein paar Schritte weiter liegt der nächste und noch einer und noch einer und so weiter.

Viel Arbeit, denkt Ida, ein Notfall nach dem anderen. Regenwürmer überall.

Ida zählt mit. Es sind viel mehr als 15.

Irgendwann kommt sie endlich an der Schule an.

Die rote Tür zum Klassenzimmer ist schon geschlossen. Ida muss klopfen und dann wartet sie, bis sie die laute Stimme der Lehrerin hört.

Was sie sagt, hört Ida nicht, aber sie drückt die kalte Türklinke mit der erdverschmierten Hand runter, öffnet die Tür ein kleines bisschen und linst durch den Spalt ins Klassenzimmer.

»Komm rein!«, sagt Frau Bender und deutet auf Idas leeren Platz neben Faruk.

Alle gucken Ida an. Ida zittert ein bisschen, weil sie plötzlich so aufgeregt ist.

Frau Bender fragt: »Warum bist du denn so spät?«

»Ich habe Regenwürmer gerettet!«, sagt Ida mit Stolz in der Stimme.

»Igitt!«, raunt es von den Tischen.

»Du bekommst einen Eintrag ins Hausaufgabenheft!«, sagt Frau Bender und zieht die Augenbrauen hoch. »Den lässt du von deinen Eltern unterschreiben. Ab jetzt bist du bitte pünktlich!«

Ida setzt sich an ihren Tisch. Ihr Herz klopft so laut, das können bestimmt alle hören. Vor allen anderen muss sie das

leuchtend gelbe Heft aus dem Ranzen
holen, damit die Lehrerin etwas hinein-
schreiben kann.

Sie bekommt als Allererste einen Eintrag.

Ausgerechnet sie. Als Allererste.

Ida merkt, dass ihr Kopf voll ist mit lauter Gedanken, und die drücken so dolle, dass sogar ein paar Tränen aus den Augen geschossen kommen, die nun aus dem vollen Kopf rauswollen.

Ida kann gar nichts dagegen tun. Sie presst sich die Hände vors Gesicht. Hauptsache, der doofe Junge neben ihr sieht nicht, dass sie heult. Sie ärgert sich über die blöden Tränen, die laufen und laufen und immer mehr werden.

Ida denkt ganz feste daran, dass sie nun aufhören muss mit dem Heulen, ganz ganz feste ...

Und dann denkt sie an Flori, der jetzt im Schuhkarton sitzt, ganz alleine, so wie sie in der blöden Schule. Ida wäre jetzt auch lieber in einem Schuhkarton.

Endlich werden die Tränen weniger. Es ist sehr anstrengend, nicht zu weinen, wenn man eigentlich müsste.

Als es zur Pause gongt, schreckt sie auf.
Faruk ist ganz nah an sie herangerutscht.
»Cool, das mit den Würmern!«, sagt er.
Und er will ganz genau wissen, wie viele
Ida gerettet hat.
»Es waren genau 15 Stück und noch viel
mehr!«, sagt sie leise.
»Darf ich das nächste Mal mitmachen?«,
fragt Faruk.
Ida nickt. Sie packt das Leberwurst-
pausenbrot und die Apfelschnitze aus.
Plötzlich hat sie richtigen Hunger!

Es ist nicht mehr so wichtig, dass sie
einen Eintrag bekommen hat.
Und es ist auch nicht mehr so wichtig,
dass die anderen »Igitt!« gesagt haben.
Eigentlich ist es ganz okay, neben Faruk

zu sitzen, auch wenn er blöderweise ein Junge ist.

Nach der Pause hört Ida auch wieder zu.
»Wir haben nun Sachunterricht«, sagt Frau Bender.
Da lernt man was über Sachen, denkt Ida und freut sich. Aber Frau Bender erzählt was über Katzen.
»Die Katze ist ein Schleichjäger«, erklärt sie. Ida findet das Wort seltsam.
Ob Katzen auch Regenwürmer fressen?, überlegt sie und traut sich nicht, die Lehrerin da- nach zu fragen. Vielleicht weiß Mama das ja ...

Ida ist froh, als sie den Gong hört.

Zu Hause gibt Ida Mama das gelbe Hausaufgabenheft.

»8 Minuten zu spät zum Unterricht –
Regenwürmer gesucht!«, hat die Lehrerin
reingeschrieben. Mama liest es laut vor.

»Das stimmt nicht!«, sagt Ida. »Ich hab
die Würmer nicht gesucht, ich habe sie
GERETTET! Das ist was anderes.«

Mama unterschreibt, sagt nichts und
holt ein Buch aus dem Schrank.

»Tiere in Wald und Flur«, liest sie vor.
Wald versteht Ida ja, aber warum gibt es
Tiere im Flur? Mama erklärt, dass man
so die Wiesen nennt, und beginnt aus
dem Buch vorzulesen.

Vor allem etwas über Regenwürmer: »Lumbricidae« sind im Erdboden lebende, gegliederte Würmer aus der Ordnung der Wenigborster und dem Stamm der Ringelwürmer. Die nützlichen Tiere wurden zum »Wirbellosen Tier des Jahres« ernannt, liest Mama vor und lacht. »Wenigborster, das ist gut, die haben ja wirklich wenig Borsten«, gluckst sie.

»Aber ringeln tun sie sich ganz doll, wenn man sie aufhebt!«, sagt Ida und lacht auch.

Mit Mama zusammen lernt sie noch viel, viel mehr über Regenwürmer.

Die sind wichtig für die Erde, damit da was wachsen kann. Und Regenwürmer sind alle Zwitter.

»Was sind denn Zwitter?«, will Ida wissen.

»Zwitter sind eine Mischung aus Mann und Frau«, erklärt Mama.
Das findet Ida praktisch. Für Regenwürmer wäre es in der Schule also ganz egal, neben wen sie gesetzt würden.

»Mama, fressen Schleichjäger auch Regenwürmer?«, fragt Ida.

Mama guckt erstaunt. »Was bitte sind Schleichjäger?«, will sie von Ida wissen.

»Das sind Katzen!«, sagt Ida und freut sich, dass sie Mama auch mal was erklären kann.

Mama rollt die Augen.

Aber noch mehr freut Ida sich darüber, dass sie fünfzehn Tiere des Jahres gerettet hat und noch viel, viel mehr.

Das ist schon was Besonderes und das wird sie morgen Faruk erzählen.

Die nächsten Schultage sind sonnig und noch ein bisschen warm. Ida und Faruk gehen den Schulweg zusammen. Meist wartet Ida auf dem Hinweg einen Moment auf ihn. Faruk kommt oft etwas zu spät und dann müssen sie sich beeilen.

Aber das findet Ida nicht schlimm.

Manchmal erzählt sie von zu Hause, von Flori, Mama und Papa.

Faruk erzählt von Hawa, Achmed, Ebru, Nadir, Anne und Baba.

Manchmal schenkt sie ihm auf dem Heimweg ihr Leberwurstbrot, wenn sie in der Pause keinen Hunger gehabt hat. Faruk hat immer Hunger, nur Apfelschnitze mag er nicht. Und er hat nie Leberwurstbrote, sondern meistens merkwürdig gefüllte Fladen oder Weinblätter mit Reis drin dabei. Und manchmal sogar ganz scharfe Peperoni. »Die merkt man noch einen Tag später!«, sagt er dann und lacht sich halb kaputt. Das versteht Ida nicht, aber sie lacht mit, weil er dabei so lustig mit den Augen zwinkert.

Ida geht jetzt gerne in die Schule, denn sie möchte schnell Lesen lernen. Dann braucht sie Mama nicht mehr unbedingt dafür. Einige Buchstaben kennt sie schon.

Der Ranzen ist rosa-grau geworden, aber immer noch so schön.

An einem Montagmorgen, als Ida wieder auf dem Weg zur Schule ist, hört sie Faruk rufen: »Iiiidaaaaa! Iiiidaaaaa! Waaaaaaarte!«
Sie wartet. Sie wartet ja eigentlich sowieso immer auf Faruk.

»Ida, es regnet! Endlich regnet es!«, schreit Faruk und rennt hinter ihr her und hopst zwischendrin vor Freude in die Luft.

Ja, es regnet wie verrückt.

Dass man sich so über Regen freuen kann?, wundert sich Ida.

»Du hast es versprochen!«, sagt Faruk. »Du hast versprochen, dass ich mitmachen darf!«

Einen Moment lang weiß Ida gar nicht, was er will.

Aber dann grinst sie und nickt. Und dann fangen sie sofort an. Sie sammeln alle Regenwürmer auf, die sie finden können.

Manche bewegen sich nicht mehr, aber die retten sie auch, vorsichtshalber.

Man weiß ja nie …

Ida erklärt Faruk, dass man die Würmer nicht zu sehr drücken darf, wenn man sie aufhebt.

Sie setzen die Würmer in die Vorgärten.

Dann schauen sie zu, wie sie sich im feuchten Gras in der Erde vergraben.

Sie retten 15 Stück und noch viel, viel mehr.

»Hast du denn keine Angst vor einem Eintrag?«, fragt Ida.

»Nein«, sagt Faruk, »wir sind doch zu zweit, da braucht man keine Angst zu haben. Und außerdem retten wir doch das Tier des Jahres. Das ist wirklich wichtig. Das weiß die Lehrerin halt nicht und wir werden es ihr erklären.«

Ida lächelt. Zusammen geht es wirklich viel schneller und es macht mehr Spaß. Sie riecht an ihren Fingern. Die riechen nach feuchter Erde und Ida freut sich. Regentage, nein Regenwurmtage, sind echt lustig, denkt sie.

Und irgendwann kommen sie auch in der Schule an. Sicher wieder viel zu spät!, denkt Ida.
Aber heute hat sie kaum Angst davor, in das Klassenzimmer zu gehen, nur im Bauch grummelt es wieder ein bisschen. Zum Glück ist Faruk ja da ...

Gleichzeitig klopfen sie an die rote Tür, warten, bis sie die Stimme von Frau Bender hören, und treten zusammen ein.

Die Lehrerin zieht die Augenbrauen hoch und guckt und alle anderen Kinder gucken auch. Es ist einen Moment lang ganz mucksmäuschenstill.

Als keiner was sagt, traut sich Ida: »Wir sind ein bisschen zu spät«, sagt sie mit fester Stimme, »denn wir haben das Tier des Jahres gerettet und das war ein bisschen viel Arbeit, ehrlich gesagt.«

Ida guckt der Lehrerin ins Gesicht.

Die Lehrerin guckt zurück, als wären den beiden Hasenohren gewachsen.

Faruk räuspert sich, wippt ein wenig auf den Zehenspitzen und ergänzt: »Ja, äh, das Tier des Jahres ist übrigens der Regenwurm.« Und er stupst Ida an, die daraufhin die Hand hebt und einen zappelnden Regenwurm hochhält.

Gerade will sie beginnen etwas über Regenwürmer zu erzählen, da ertönt ein lauter, schriller Schrei.

Anscheinend mag Frau Bender absolut keine Regenwürmer ...

Alle Kinder lachen laut. Ida und Faruk lachen mit.

Und Faruk nimmt Idas Hand und drückt sie ein wenig.

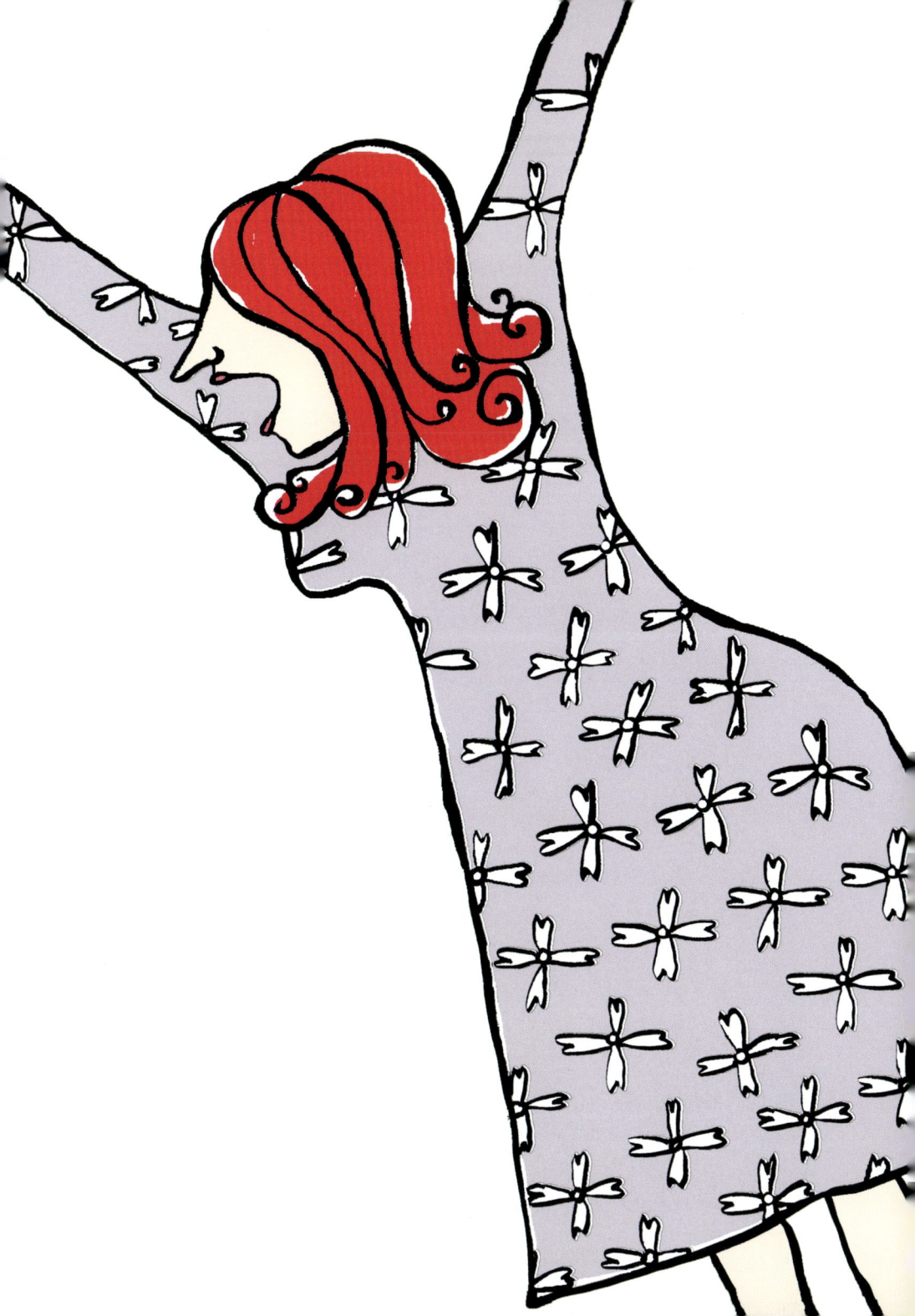

Nachwort

Diese Geschichte ist nicht erfunden, denn ich habe sie genau so erlebt.

Natürlich hatte der Junge einen anderen Namen und ich hatte auch keinen rosa Ranzen mit Pferden drauf, sondern einen schwarzen Lederranzen. Jedes Kind hatte damals ein Ordnungsheft, in das die Lehrer Nachrichten für die Eltern schreiben konnten. Heute ist das das Hausaufgabenheft.

Und Trinkflaschen gab es auch noch keine und wir haben trotz des Verbots heimlich aus dem Wasserhahn getrunken und hatten furchtbare Angst davor, Würmer im Bauch zu bekommen. Das war natürlich vollkommener Quatsch!

Denn diese Geschichte ist vor ziemlich genau 38 Jahren passiert.

Das ist lange her, aber ich habe mich immer mal daran erinnert.

Ich denke, sie hätte sich auch heute zutragen können.

Den Jungen habe ich irgendwann aus den Augen verloren, aber vor ein paar Monaten stand ich am Bahnhof und wartete auf meinen Zug. Da tippte mir plötzlich jemand auf die Schulter und das war der Junge aus meiner Klasse, der damals neben mir saß. Wir haben uns kurz ein wenig aus unserem Leben erzählt und dann fuhr mein Zug.

Seitdem hab ich mir gewünscht diese kleine Geschichte aufzuschreiben.

Flori gibt es auch noch, er ist inzwischen dunkelgrau und riecht immer noch so gut.

Und ich sammle immer noch Regenwür-mer auf, wenn es geregnet hat.
Mir ist es ganz egal, wenn andere Leute das seltsam finden.
Ich mag Regenwurmtage!

Antje Damm

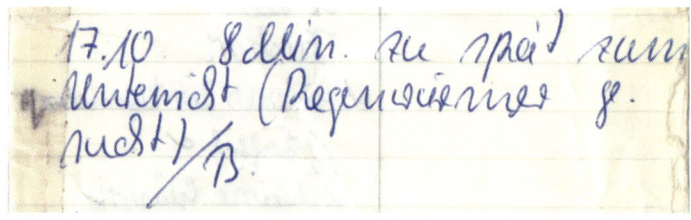